文宗閣

徐蘇　撰
《文宗閣》編輯委員會　編

江蘇大學出版社
JIANGSU UNIVERSITY PRESS
鎮江

《文宗閣》編輯委員會

主任
徐平　鎮江市政協副主席　鎮江市園林局局長

副主任
徐建國　鎮江市園林局黨委書記　鎮江市風景旅游發展有限責任公司董事長

編委
徐平
徐建國
余雷　鎮江市園林局副局長
王子俊　金山風景區管委會主任
徐蘇　江蘇省古籍保護專家委員會委員　鎮江市古籍保護中心副主任

撰稿
徐蘇

注釋
彭義　鎮江市圖書館文獻開發部主任
徐静　嘉興市圖書館采編部分類員

江城臨流
玉山
西牐
京口
利涉橋
江神廟
金山
文宗阁
〇〇一
〇〇二

妙高望月
文宗阁
南門橋
西門橋
鎮江府城
都天廟
北門
甘露寺
拖版橋
登仙橋
焦山

北門
南天門
文宗閣
〇〇一
〇〇四

文宗阁

清人校書

貴人校書

文宗昔影

文宗閣

文宗新姿
文宗阁
文宗阁

文宗閣

文宗阁
〇二
〇三

文宗阁

序

大抵自清乾隆帝創意編纂四庫全書。并詔令臣下仿照鄞州范氏天一閣建造書閣庋藏其書。尤其是特命假址於揚州大觀堂置文匯閣。鎮江金山寺左側置文宗閣。杭州西湖畔聖因寺置文瀾閣。俾江浙士人得以就近鈔録傳觀殫見洽聞以來。與其書其閣結緣的人物數不在少。但以現代著名學者曹聚仁先生在青年時期的經歷最具獨特性。

那是因爲一九二七年秋。曹先生曾隨其師單不庵先生作爲浙江省立圖書館西湖分館的館員。入住文瀾

閣年餘。後來他還曾先後走訪過北京文津閣瀋陽文溯閣。看過閣藏的四庫全書。他説。第一部四庫全書告成於乾隆四十七年（公元一七八二年）四月。其後置内廷四閣。又立江浙三閣。這都是手鈔本在北京的有文淵文津在關外的有文溯文源。已毁於英法聯軍入京之役。江浙三閣太平軍戰役中。毁了文匯文宗二閣。文瀾閣藏本散失了五分之二。戰後由杭州丁氏補鈔。也還差十分之一上下。等到單不庵師主西湖圖書館館政。我們就把所缺部分從北京文淵閣去鈔了來。可説鈔完全了。依我所知。四庫全書并不怎麽珍貴。全書中所有的百分之九十五我們可以在

坊間買到。并非珍本。我到了北京。看了文津閣的四庫全書。到了瀋陽。看了文溯閣的四庫全書。再到杭州西湖孤山。重看文瀾閣四庫全書。覺得這麽一部叢書。對一般人。尤其對青年學生并没多大用處。

西湖分館便是四庫全書南三閣之一的文瀾閣。分館在中山公園西北角建了新館。文瀾閣便是館員們的宿舍。文瀾閣巷角中擺着一大堆空書櫃。連着櫃架子。仿佛告訴我們。四庫全書時代已經過去了。

論文當知人。知人須閲世。時值清亡民興内憂外患之際。作爲五四新文化運動哺育成長的矢志反封建的社會革命小將。曹先生私心裡對四庫全書的不甚敬重。乃至他所處的整個時代對文瀾諸閣建築遺存保護的漠視。都是可以理解的。

然而在潤州。士林昔日皇家欽賜兩部巨著的榮耀。乾隆前後三次御題律詩的自豪。結果却落得個江山永秀（乾隆題文宗閣匾）而未秀的慘痛結局。其地其人歷經外侮内亂的精神創傷。真是百年難愈。

按。文宗閣始建於清乾隆四十四年。（公元一七七九年）原系收藏古今圖書集成之所。由乾隆御題文宗之名。并書匾江山永秀四字。後又增其書架。庋藏四庫全書。其七律題文

宗閣詩。謂皇祖圖書集大成。區分五百廿函。盛空前絶後菁華焕。内聖外王模楷呈。秀粹江山稱此地。文宗今古貯層甍。略觀大意那知要。知要仍惟在力行。再題文宗閣詩謂。四庫全書鈔四部。八年未蕆費功勤。集成拔萃石渠者。頒貯思公天下。云今古英華萃全薈。江山秀麗與平分。百川於此朝宗海。是地誠應庋此文。又有題文宗閣疊庚子詩韵云。庚子南巡閣已成。香楠爲架列函盛。鈔胥聊待數年閱。數典應看四庫呈。書借一瓻寧酒器。册藏二酉富芸甍。惠嘉南國崇文地。尚勗尊聞知所行。

令人痛惜的是。道光二十二年（公元一八四二年）英國侵略軍入侵鎮江。閣藏珍本受到部分損失。咸豐三年（公元一八五三年）洪秀全楊秀清麾下的太平軍從瓜州入侵鎮江。在占領金山之後。文宗閣建築及其所藏全部歷史文獻被燒爲灰燼。

文宗閣被毁。震驚了全國知識界。因此。百餘年來復建的呼籲與嘗試可謂不絶如縷。無論是晚清兩任江蘇學政王先謙溥良。鎮江知府王仁堪。還是社會賢達沈恩孚南菁書院秀才劉翰等。都曾在不同時間以不同方式。熱切呼籲復建文宗閣。

到了民國時期。更有鎮江實業家藏書家吴寄塵先

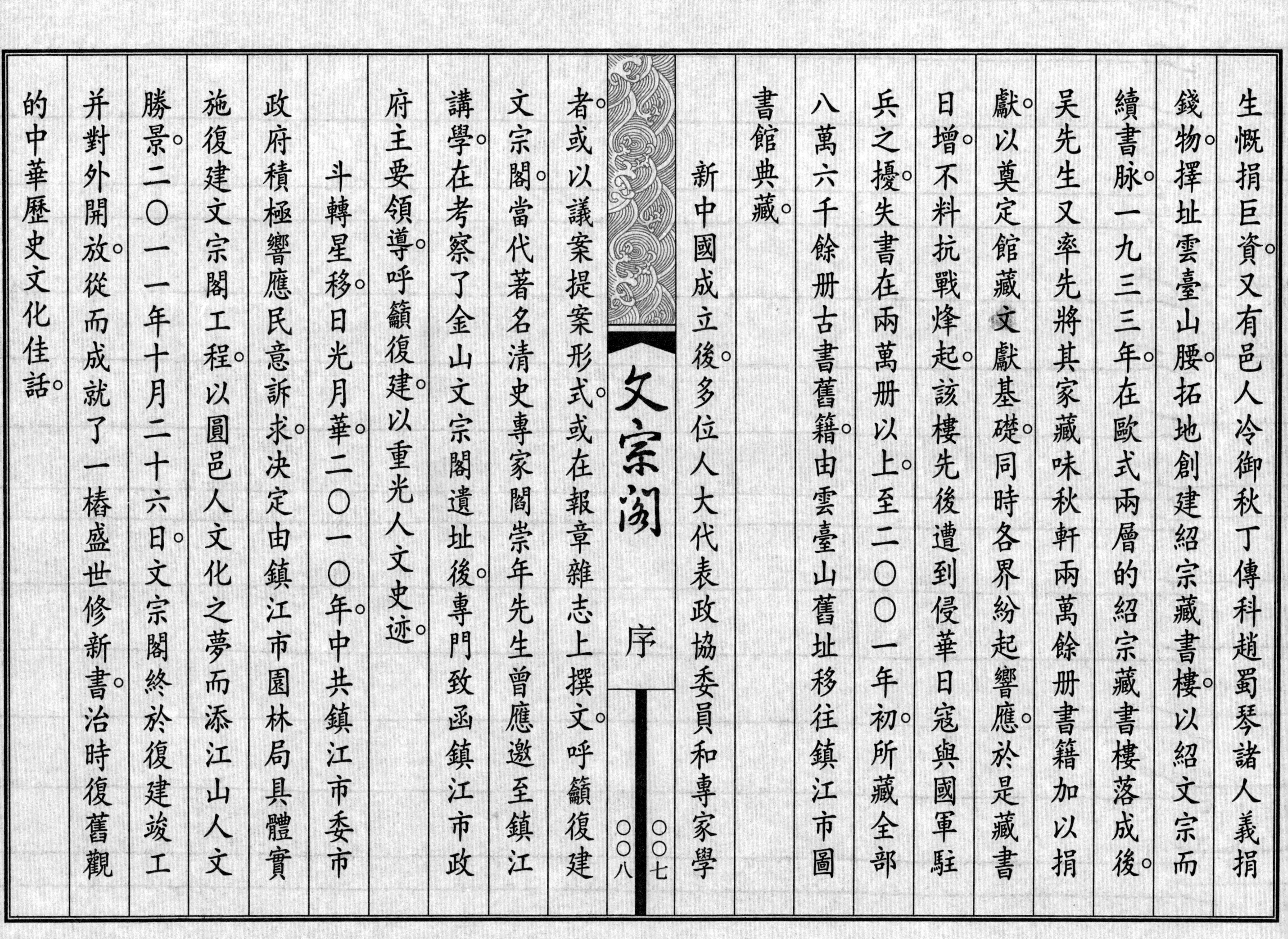

生慨捐巨資。又有邑人冷御秋丁傳科趙蜀琴諸人義捐錢物。擇址雲臺山腰。拓地創建紹宗藏書樓。以紹文宗而續書脉。一九三三年。在歐式兩層的紹宗藏書樓落成後。吴先生又率先將其家藏味秋軒兩萬餘册書籍加以捐獻。以奠定館藏文獻基礎。同時各界紛起響應。於是藏書日增。不料抗戰烽起。該樓先後遭到侵華日寇與國軍駐兵之擾。失書在兩萬册以上。至二〇〇一年初。所藏全部八萬六千餘册古書舊籍。由雲臺山舊址移往鎮江市圖書館典藏。

新中國成立後。多位人大代表政協委員和專家學

者。或以議案提案形式。或在報章雜志上撰文。呼籲復建文宗閣。當代著名清史專家閻崇年先生曾應邀至鎮江講學。在考察了金山文宗閣遺址後。專門致函鎮江市政府。主要領導呼籲復建。以重光人文史迹。

斗轉星移。日光月華。二〇一〇年。中共鎮江市委市政府積極響應民意訴求。決定由鎮江市園林局具體實施復建文宗閣工程。以圓邑人文化之夢。而添江山人文勝景。二〇一一年十月二十六日。文宗閣終於復建竣工。并對外開放。從而成就了一樁盛世修新書。治時復舊觀的中華歷史文化佳話。

江山須待人文領。寶地傑閣賦新篇。歷史上的文宗閣因其書卷流香而爲讀書人所仰慕敬重。因此。如今復建文宗閣。恢復的并不僅僅是一座藏書樓的仿古建築。一處爲中外游客所向往的新觀光點。更是建立了一個精神文化的目的地。因爲借助復建後的樓閣。通過重新入藏綫裝本四庫全書及其研究書刊資料。通過舉辦歷史圖片展覽。組織學術研討。進行徵文評獎。這種種作爲。延續的是中國歷史的文脉。延伸的是讀書藏書的書香傳統。弘揚和營造的是愛書崇文的良好社會風氣。

因此。作爲鎮江歷史文化的一種傳承和發揚。文宗

閣的復建意義重大而深遠。因爲它對於鄉土文化教育和精神文明建設。必將發揮其獨特的作用而温潤人心。浸染社風。先輩倡導在前。來者受益於後。正是文化的歷史能量和社會實惠之所在。

在慶祝文宗閣復建一周年之際。由鎮江市園林局主持的文宗閣編輯委員會組織編撰的文宗閣綫裝本即將出版。這是繼鎮江市圖書館研究館員徐蘇先生的力作文宗書韵江蘇大學出版社二〇一一年版之後。又一部比較全面系統地宣傳和研究文宗閣與鎮江地方文化的專著。該書作者從各個角度詳細考述了文宗閣的來歷及興衰典

藏。描述了其復建的艱難歷程。并對搜集到的現存閣史文獻資料做了彙集和注釋。相信本書的面世將對學術界更深廣地從事文宗閣研究起到積極的推動作用。而作爲印數限量的綫裝本也必將以其古雅的編排和裝幀形式。爲當代藏書界提供一種新的珍貴藏品。

文宗閣和紹宗藏書樓。是鎮江人文精神的歷史載體。作爲一體之兩翼。它們本身都曾身受外侮內亂的重創。見證了鎮江城市的苦難。而它們的終於被復建或被修葺。又是頑强的鎮江人民的人文精神的表徵。我們有理由期待着。在明年紹宗藏書樓落成八十周年前夕。在鎮江有識之士的共同努力下。該樓也能够被全面修葺。從而爲伯先公園增添一處新的市民文化活動空間。

我相信。紹宗藏書樓也能够像文宗閣一樣重放光彩。成爲海內外人士深入認識鎮江文化的一個窗口。

二〇一二年八月十九日南京大學教授江蘇省政協常委中國閱讀學會會長徐雁於金陵江淮雁齋

目録

文宗閣 目錄

卷一　文宗閣源流考述

潤州　徐蘇撰

清王朝以武力平定天下後。轉而注重文治。開始重視儒家典籍的收集與傳世。對有利於統治的圖書加以鼓勵。促進其流通。并大力集聚官府的藏書。清王朝沿襲了明朝的藏書制度。設立了專門機構管理宮廷的圖書。在文華殿昭仁殿武英殿南書房等處收藏了大量的圖書。以後又建成了用於藏書的七閣。即北京故宮的文淵閣圓明園的文源閣承德避暑山莊的文津閣瀋陽故宮的文溯閣鎮江

金山寺的文宗閣揚州大觀堂的文匯閣杭州聖因寺的文瀾閣。後來人們根據七閣分布的地理位置再劃分。把北方的文淵閣文源閣文津閣文溯閣稱之北四閣。把南方的文宗閣文匯閣文瀾閣稱之南三閣。

清代文宗閣建於乾隆四十四年。（公元一七七九年）位於四面環水的金山。丹徒學者周伯義光緒金山志中説它的具體位置在乾隆皇帝行宮的左邊。它的建築模式仿照浙江鄞縣范氏天一閣。傳承了天一生水地六成之的設計理念。看上去形制傳統典雅莊

重。天一閣是明朝兵部右侍郎范欽的藏書樓。建於明嘉靖四十年至四十五年（公元一五六一年至一五六六年）。范欽字堯卿。號東明。浙江鄞縣人。嘉靖十一年（公元一五三二年）進士。

在清嘉慶十一年（公元一八〇六年）重修的兩淮鹽法志裡。插有清代畫家高棨所繪的文宗閣實景寫真圖。從圖中描述的情況來看。文宗閣的模式與天一閣相似。主體也爲木結構。坐北朝南。建築風格是典型的硬山頂重樓式。面闊進深各有房屋數間。前後有長廊相互溝通。呈回字形。整個建築看上去是一處大的四合院。主樓在綠蔭的映襯下。顯得很別致。庭

院中另有小樓三間與閣相連。

文宗閣書香傳世

文宗閣以庋藏四庫全書而聞名中外。所謂閣以書顯。許多人通過文宗閣及其所藏四庫全書知道了金山這座古老的寺院。記住了鎮江這座江南的名城。

四庫全書是清乾隆年間編纂的一部御敕官修的特大型叢書。也是中國古代圖書史上卷帙最多的一部叢書。此書卷帙浩繁。内容豐富。稱得上海

彙百川綱舉條貫。萃四千餘年之文化。以成歷代典籍之大觀。是以叢書體裁表現出的當時中國人的知識世界。被譽爲前無古人後無來者。堪稱爲史無前例的世界文化偉業。它的編纂無論在古籍整理方法上。還是在輯佚校勘目録學等方面。都給後來的學術界以巨大的影響。

著名的四庫全書研究專家楊家駱先生曾經做過一個統計。收入四庫全書中的書有三千四百六十一種。七萬九千三百零九卷。存目中的書有六千七百九十三種。九萬三千五百五十一卷。這些書基本上包括了乾隆以前中國古代的重要著作。它的總字數已經超過了九點九七億字。相當於同時期法國狄德羅主編百科全書的數十倍。

四庫全書用一個在古代被視爲最科學的方法組織起來。形成了一個比較嚴密的體系。這個最科學的方法就是四部分類法。它把四庫全書分爲經史子集四大部類。其中經部分爲易書詩禮春秋孝經五經總義四書樂小學等十大類。史部分爲正史編年紀事本末別史雜史詔令奏議傳記史鈔載記時令地理職官政書目録史評等十五大類。子部

分爲儒家兵家法家農家醫家天文算法術數藝術譜録雜家類書小説家釋家道家等十四大類。集部分爲楚辭别集總集詩文評詞曲等五大類。總共劃分成四十四個大類。各個大類下還細分爲若干個子類。形成了猶如金字塔式的結構。四部分類法現在依然是中國古籍分類最常用的分類法之一。有一定的合理性。

清乾隆三十七年（公元一七七二年）正月初四日。乾隆皇帝向内閣和各省督撫學政下旨。今内府藏書插架不爲不富。然古今來著作之手。無慮數千百家。或逸在名山。未登柱史。正宜及時採集。彙送京師。以彰稽古右文之盛。其令直省督撫會同學政等。通飭所屬加意購訪。除坊肆所售舉業時文。及民間無用之族譜尺牘屏障壽言等類。又其人本無實學。不過嫁名馳騖。編刻酬倡詩文。瑣碎無當者。均毋庸採取外。其歷代流傳舊書。有闡明性學治法。關繫世道人心者。自當首先購覓。至若發揮傳注。考覈典章。旁暨九流百家之言。有裨實用者。亦應備爲甄擇。又如歷代名人。洎本朝士林宿望。向有詩文專集。及近世沈潛經史。原本風雅。如顧楝高陳祖范任啓運沈德潛輩。亦

各有成編。并非剿説卮言可比。均應概行查明。在坊肆者。或量爲給價。家藏者。或官爲裝印。其有未經鎸刊。祇係鈔本存留。不妨繕録副本。原書給還。并嚴飭所屬。一切善爲經理。毋任吏胥藉端滋擾。由此開始在全國範圍内大規模地徵購圖書。爲編纂四庫全書做準備。他還制定了三項獎勵規定。對進書五百種的藏書家。每人獎古今圖書集成一部。進書一百種以上的藏書家。每人獎佩文韻府一部。進書中特別名貴的善本。由乾隆皇帝親自題詩其上。再發還本人。私人進書在一百種以上的藏書家。載其名於

四庫全書提要的後面。各省採進在一百種以上者。也將經手採進的地方官載名於四庫全書提要的後面。通過進書發還和進書獎勵這些有效的措施。很快在全國範圍内掀起了進書高潮。尤其是江浙一帶的藏書家進書最多。

清乾隆三十八年公元一七七三年二月。乾隆皇帝在翰林院開設了四庫全書館。負責編纂四庫全書的具體事務。該館設置了正總裁。負責總攬館事。以副總裁襄助之。總裁之下。總閱官負責掌管閱定各書之事。總纂官負責掌管編書之事。總校官負責掌管校

訂之事。又設立了總目協勘官管理協定全書總目之事。另有翰林院的提調官武英殿的提調官具體管理提取翰林院和武英殿藏書之事。其下再分設纂修官分校官監造官等負責編校繕寫的具體事務。任命的纂修官分校官及監造官有四百餘人。層層叠叠的大小官員都由乾隆皇帝一手掌控。他每三個月就要考核一次。還要抽查編校書的情況。好的獎差的罰。這樣的考核工作乾隆皇帝堅持了十年之久。獎罰的檔案累積起來可以編成一部厚書。

爲了編纂好四庫全書四庫全書館。彙集了衆

多的人才。像東閣大學士劉統勛文華殿大學士于敏中。這樣的總裁。翰林院編修紀昀陸錫熊孫士毅這樣的總纂官。陸費墀這樣的總校官。都是很有水平的。如總纂官紀昀。字曉嵐。河北獻縣人。在四庫全書館中是一個學術方面總其成的人物。他精通學術考證典籍評論版本考核文獻鈎稽。是著名的學者。有閱微草堂筆記等著作行於世。同時紀昀也是著名的藏書家。他的私家藏書樓叫閱微草堂。其中收藏了許多珍貴的版本。他的藏書也被徵選了不少。呈獻四庫全書館後。收入四庫全書正目的書多

達一百零五種。一千八百六十八卷。被收入存目的書也有四十一種。

纂修官分校官和其他編纂人員中。也是人才濟濟。聚集了許多當時知名的學者。如纂修官戴震。字東原。安徽休寧人。他學問淵博識斷精審思想邃密。是乾隆年間的思想家。後因博聞廣識而被破例允許以舉人身份供職於四庫全書館。擔任永樂大典的校勘工作。當時的史學大師邵晉涵及姚鼐朱筠任大椿程晉芳周永年翁方綱王念孫等知名學者也都參與進來。爲了編纂四庫全書的需要。朝廷還向各地徵募了抄録人員近四千人。各地鴻才碩學薈萃一堂。藝林翰海。盛况空前。

編纂四庫全書是一項浩大的文化工程。清政府在全國範圍内徵集了大量的圖書。當時。清政府在修四庫全書前所編的書和在修四庫全書期間編的書。明朝政府遺留下來的藏書和清政府續收的藏書。從永樂大典中鈔輯出的書。各省地方官採集的書。各地藏書家呈獻的書以及書市上流通的書。都納入了它的選書範圍。然後。經十餘年繕寫告竣。前後所成凡七部。分置七閣。實千古不朽之盛業

也。有人説此書的編纂成功是康乾盛世在文化史上的具體體現。

編纂四庫全書的同時。還編纂了四庫全書薈要四庫全書總目提要四庫全書簡明目録武英殿聚珍版叢書四庫全書考證等書。這些書是編纂四庫全書的副産品。其中。四庫全書總目提要四庫全書簡明目録是使用四庫全書最重要的兩種書目指導書。在編纂刊印後。經乾隆皇帝批准。也下發給文宗閣收藏。

四庫全書總目提要二百卷是四庫全書收

録書和存目書的總目録。該目録前有凡例。經史子集各部之首冠以總序。大類之前又有小序。每書之下因有紀昀戴震姚鼐邵晉涵等學者撰寫的作者介紹内容提要版本源流等考證文字。故有重要的學術價值。常被研究者引用。而四庫全書簡明目録二十卷則是四庫全書總目提要的簡編本。它不列存目書。衹列四庫全書收録的圖書。每種書的提要也寫得比較簡單。

當然。評價四庫全書是一件複雜的事。客觀上説。它的功勞不小。但也罪過驚人。四庫全書畢竟

是乾隆皇帝以稽古右文爲名推行文化專制政策的産物。四庫全書的成書過程也是許多古籍慘遭滅頂之災的悲慘歲月。由於四庫全書由乾隆敕編。出於清王朝統治的私利。對不利於清王朝統治的書籍。名爲稽古右文。實則寓禁於徵。在大量搜羅古籍的同時。也查禁删改銷毀了許多書籍。民國學者楊家駱編纂四庫大辭典時。曾一針見血地指出。清人修四庫。體例嚴謹。然秉私心以爲權衡。去取每多失當。根據流傳至今的幾種禁毀書目和有關檔案記載。全毀書達到兩千四百五十二種。抽毀書達到

四百零二種。鏟毀燒毀的書版有七八萬塊。同時借徵書之機在全國範圍内大興文字獄。僅四庫全書開館後的十年内。就發生了四十八起殘酷的文字獄。不知有多少讀書人受了冤枉。甚至莫名其妙地丢掉了腦袋。就連乾隆皇帝曾經寵信有加的沈德潛。這樣的高官。入土多年後也被從棺材裡挖了出來。不得安息。

文宗閣題名喻意

七閣有一個共同的特徵。題名都是三個字組

成。首字爲文。末字爲閣。祇有中間一字不相同。其中六閣都帶有三點水。惟文宗閣例外。七閣題名的內涵深厚。它包含了天一生水。地六成之的理念。希望藏書永久傳世。讓文明發揚光大。如流水生生不息。

在乾隆皇帝的心目中。七閣的名字首字爲文。一字多義。不僅代表了中華的文化傳承。代表了大清的文化盛世。也代表了四庫全書的博大精深。中間帶三點水的那個字。則是引用天一閣藏書的道理。以水喻文。意把浩瀚的四庫典籍比作江河之水。源遠流長。

乾隆皇帝在文源閣記中這樣說。文之時義大矣哉。以經世以載道以立言以牖民。自開闢以至於今。所謂天之未喪斯文也。以水喻之。則經者文之源也。史者文之流也。子者文之支也。集者文之派也。派也支也流也。皆自源而分。集也子也史也。皆自經而出。故吾於貯四庫之書。首重者經。而以水喻文。願溯其源。且數典天一之閣。亦庶幾不大相徑庭也。夫他解釋了文的大義。强調了文的作用。又以水喻文。闡述了經史子集之間形成的源流關繫。他還引證天一閣藏書的典故來說明其中的道理。

在文溯閣記中。乾隆皇帝又對文的内涵做了進一步的解釋。他説。文在理也。文之所在。天理存焉。文不在斯乎。孔子所以繼堯舜之心傳也。世世無文。天理泯。而不成其爲世。夫豈鉛槧簡編云乎哉。然文固不離鉛槧簡編以化世。此四庫之輯所由亟亟也。把文的存在看成是天理存在的前提。如果文不存了。那麽天理也就不彰了。重申了文的重要。他認爲。文不能離開典籍的傳播。所以要編四庫全書。將文借書以傳。利用書的作用來以文化世。

他還在文溯閣記中對北四閣的題名進行了

歸納。四閣之名。皆冠以文。而若淵若源若津若溯。皆從水以立義者。蓋取范氏天一閣之爲。亦既見於前記矣。若夫海。源也。衆水各有源。而同歸於海。似海爲其尾而非源。不知尾閭何洩則仍運而爲源。原始反終。大易所以示其端也。津則窮源之徑而溯之。是則溯也津也。實亦迨源之淵也。水之體用如是。文之體用顧獨不如是乎。恰於盛京而名此名。更有合周詩所謂遡澗求本之義。而予不忘祖宗創業之艱。示子孫守文之模。意在斯乎。意在斯乎。他再次提到仿效天一閣之理。從水而立義。天一生水而克火。以求閣

書永存。實求文之永存。把藏書之舉與文的傳承提到了非常重要的地位。説明乾隆皇帝對七閣的題名用心良苦。

惟文宗閣的宗字不帶三點水。有別於文淵閣文源閣文津閣文溯閣文匯閣文瀾閣。曾經引起了許多文人的遐想。他們在如何解釋京都内外七閣。惟文宗閣題名不用三點水的問題上爭論不休。

鎮江當地一些文人認爲。文宗閣的宗字原本有三點水。當爲淙。之所以省略三點水。是乾隆皇帝別出心裁。爲了喻示文宗閣所處的地貌獨特金山

四面環水的緣故。遠在杭州的清代學者張崟在文瀾閣四庫全書淺説中提出了另一種看法。他主張從字的涵義去分析原因。即案四庫七閣名字均取三點水。雖鎮江文宗。外似獨异。而細籀其涵意。則固寓江河朝宗於海之意。

長期以來。人們總是在習慣上把四庫全書藏七閣與建七閣聯系起來。認爲是爲貯四庫全書而興建了七閣。其實文宗閣的興建與貯四庫全書没有直接的關繫。雖然文宗閣興建時。乾隆皇帝已經傳旨開四庫全書館編纂四庫全書。但他當時并没

有打算將此書藏於文宗閣。

乾隆四十二年。公元一七七七年 乾隆皇帝將古今圖書集成一部賜藏鎮江金山行宮。交由兩淮鹽政安置。當時任兩淮鹽政的寅著領到書後即奏請於行宮旁就高寬之處仿佛天一（閣）規模鼎建書閣永遠寶藏。乾隆四十四年。公元一七七九年 藏書閣建成。應督造該工程的鹽運使呈請乾隆皇帝賜名文宗閣。并御書文宗閣和江山永秀的匾額懸挂閣中。入藏古今圖書集成於其中。由此可見。文宗閣歷史上是因貯藏古今圖書集成而定名的。它最初被賜藏的不是四庫全書而是古今圖書集成。

乾隆四十五年。公元一七八〇年 乾隆皇帝駕臨金山文宗閣時。回憶當年賜名文宗之義。作題文宗閣詩一首說明。詩云。皇祖圖書集大成。區分五百廿函盛。空前絶後菁華焕。内聖外王模楷呈。秀粹江山稱此地。文宗今古貯層甍。略觀大意那知要。知要仍惟在力行。詩中的文宗顯然是對祖宗傳書的尊崇之意。

乾隆皇帝賜藏文宗閣的古今圖書集成。是康熙皇三子胤祉奉父之命和侍讀陳夢雷等共同編纂的一部大型類書。有中國古代百科全書之稱。這

部類書由康熙皇帝欽賜書名。雍正皇帝作序。全書有一萬卷。分六編。三十二典。六千一百零九部。内容涵蓋極廣。按天地人物事次序展開。以文獻搜羅完備而編次井然。分類縝密而宏富壯觀著稱。天文地理人倫規範文史哲學自然藝術經濟政治教育科舉農桑漁牧醫藥良方百家考工等無所不包。圖文并茂。按字數統計。古今圖書集成是宋代類書太平御覽的三十二倍。冊府元龜的十六倍。大不列顛百科全書的五倍左右。清代大臣張廷玉評價此書説。自有書契以來。以一書貫串古今。包羅萬象。未有如我朝古今圖書集成者。

古今圖書集成從康熙四十年（公元一七〇一年）十月開始編纂。到康熙四十五年（公元一七〇六年）四月完成初稿。書的初名叫古今圖書彙編。後來陳夢　得罪了康熙皇帝。被免職流放。書的編纂受到影響。到了雍正皇帝即位。又指派蔣廷錫等人重輯。於雍正四年（公元一七二六年）定稿。改彙編爲集成。雍正六年（公元一七二八年）採用銅活字印刷了此書。由於古今圖書集成的編纂歷經兩個朝代才完成。又是一部包羅萬象的巨書。被乾隆皇帝視爲祖上的業績。故而他在題文宗閣詩

中首句即尊曰皇祖書譽集大成。用空前絶後之精華。内聖外王之模楷來贊美這部類書。以示尊崇之意。

乾隆四十五年。（公元一七八〇年）乾隆皇帝又寫了一首再題文宗閣詩。四庫全書鈔四部。八年未蕆費功勤。集成拔萃石渠者。頒貯思公天下云。今古英華率全薈。江山秀麗與平分。百川於此朝宗海。是地誠應庋此文。詩中陳述了編纂四庫全書的不易。談到了把它藏之名山的想法。同時仍不忘贊美古今圖書集成。詩中的集成拔萃石渠者。頒貯思公天下云句。重申了他對祖宗傳書的尊崇。此時。乾隆皇帝已有了將四庫全書賜藏金山文宗閣的打算。文宗閣四面環水的獨特地貌與金山具有江河於此朝宗海的氣勢。都暗合了乾隆皇帝心中的水意。宗字比其餘六字包孕了更深刻的内涵。自然不會去改了。

到了乾隆四十九年。（公元一七八四年）乾隆皇帝再寫一首文宗閣疊庚子詩韵。庚子南巡閣已成。香楠爲架列函盛。鈔胥聊待數年閲。數典應看四庫呈。書借一瓻寧酒器。册藏二酉富芸甍。惠嘉南國崇文地。尚朂尊聞知所行。繼續重申了書藏崇文地的意義。

文宗閣賜書背景

乾隆四十六年（公元一七八一年）十二月。第一部四庫全書鈔録完工經過分校官的校對和總校官的抽檢。裝潢好後。呈送乾隆皇帝御覽。乾隆皇帝看後。提出了在文宗閣文匯閣文瀾閣各庋藏一部四庫全書的要求。

乾隆四十七年（公元一七八二年）七月初八日。乾隆皇帝給内閣下達旨意。朕稽古右文。究心典籍。近年命儒臣編輯四庫全書。特建文淵文溯文源文津四閣。以資藏庋。現在繕寫頭分告竣。其二三四分限於六年内按期蕆事。所以嘉惠藝林。垂示萬世。典至鉅也。因思江浙爲人文淵藪。朕翠華臨蒞。士子涵濡教澤。樂育漸摩。已非一日。其間力學好古之士。願讀中秘書者。自不乏人。茲四庫全書允宜廣布流傳。以光文治。如揚州大觀堂之文匯閣。鎮江金山寺之文宗閣。杭州聖因寺行宫之文瀾閣。皆有藏書之所。著交四庫館再繕全書三分。安置各該處。俾江浙士子得以就近觀摩謄録。用昭我國家藏書美富。教思無窮之盛軌。

同日。乾隆皇帝又給閩浙總督陳輝祖兩淮鹽

政伊齡阿等人下旨。要他們發動江浙一帶的商人捐錢改建文瀾閣。并增添文宗文匯文瀾三閣的書格。上諭曰。四庫全書現在頭分已經告竣。其二三四分限於六年内按期蕆事。并特建文淵文溯文源文津等閣以供藏庋。因思江浙爲人文淵藪。允宜廣布流傳。以光文治。現特發内帑銀兩。雇覓書手。再行繕寫全書三分。分貯揚州大觀堂之文匯閣鎮江金山寺之文宗閣杭州聖因寺内擬改建文瀾一閣。以昭美備。著傳諭陳輝祖伊齡阿盛住等。所有大觀堂金山寺二處藏貯圖書集成處。所空餘書格甚多。即可收貯四庫全書。若書格不敷。著伊齡阿酌量再行添補。至杭州聖因寺後之玉蘭堂。著交陳輝祖盛住改建文瀾閣。并安設書格備用。伊齡阿盛住於文淵等閣書格式樣皆所素悉。自能仿照妥辦。至修建書格等項工費無多。即著兩淮浙江商人捐辦。伊等情殷桑梓。於此等嘉惠藝林之事。自必踴躍觀成。歡欣從事也。

從表面上看。乾隆皇帝將四庫全書賜藏文宗閣確實有人文淵藪的因素。但細分析却并不那麼簡單。因爲鎮江在江南的城市中。雖説是文化名城

無疑。但無論是科舉進士的數量。還是藏書的數量都不如蘇州。也不是乾隆皇帝南巡中停留時間最長的地方。能得到賜藏四庫全書的殊榮。是一件值得研究的事。但仔細考量。鎮江得到乾隆皇帝的更多關注是有理由的。

首先。鎮江優越的地理環境讓乾隆皇帝覺得這裡值得庋藏四庫全書。清代鎮江是江南最繁華最美麗的城市之一。整個城市依山臨水。山水相映城在山中。山在城中。看上去錯落有致。富有層次感。是一座典型的山水城市。這裡自然環境優美。歷史

遺存豐厚。文化脉絡清晰。都對乾隆皇帝有着特殊的吸引力。鎮江是長江和運河的交匯處。是大運河的南入口。既有以水喻文的特徵。又是乾隆皇帝南巡的必經之地。這是江南其他城市所無法相比的。而文匯閣所在地揚州及文瀾閣所在地杭州。與鎮江一樣有着特殊的地理位置。揚州是大運河的北入口。杭州是大運河的終點。它們地理位置的重要性不言而喻。更不必說兩地風景秀麗。人文薈萃。因此。可以說三座城市的運河特徵。是乾隆皇帝決定庋藏四庫全書的重要原因。另外。三座城市又都擁

有著名的古寺。既順應了古代寺院重視藏書的風尚。又發揚了古代書藏名山的一貫風格。所以乾隆皇帝在選擇放置四庫全書的城市時。把鎮江揚州杭州三地視爲最佳地并不是心血來潮。而是經過深思熟慮的。

其次。從維護清朝統治考慮。鎮江軍事位置的重要性和當地文人的倔强態度。讓乾隆皇帝覺得有必要恩威并用。一方面。在鎮江建立旗營。重兵布防。血腥鎮壓反清人士的反抗之舉。另一方面。在鎮江庋藏四庫全書。重點推廣文治和教化。統一當地

文人的思想。顯示出清政府對鎮江的高度關注。由於清初逸民多抱種族思想。志在匡復明室。黄宗羲王夫之顧炎武孫奇逢諸人。皆兩朝相遞之際氣節之士。往往奮其孤忠。號召勝國遺民國而忘家。存死灰復燃之心。爲博浪孤注之舉。其志可以光日月而貫乾坤。其氣足以幸山河而抗朝廷。爲人君者懷之以德而不來。畏之以威而不懼。賞罰無以施在這種情況下。清政府采取了講學之禁。嚴禁士子會盟結社。又擔心學者著書立說。傳播反清復明思想。於是制定了嚴厲的寓禁於徵政策。防範和抑制他們自

由言説的空間。企圖通過大規模徵集圖書的措施來達到禁毁不利於清朝統治的圖書的目的。當時凡是含有反清思想妨害清朝統治的遺老著作。關於明末清初史實記載不利於清朝統治的著作。曾與清帝室對立或不爲乾隆皇帝所喜人的著作。小説戲曲唱本等被認爲是有傷風化的著作。都在禁毁之列。乾隆間還頻興文字獄。以達到消滅异端鉗制思想的目的。

鎮江的清初逸民尤多。以冷士嵋爲代表的一批當地博學之士。具有濃厚的反清復明思想。採取

了不與清政府合作的態度。冷士嵋布衣詩人。世居丹徒。明末考中秀才。其兄冷之曦先後從史可法高傑抗清失敗被殺。冷士嵋身受國亡家破之痛。絶意仕進。他整天戴笠帽着木屐。意謂頭不戴清天。足不履清地。清朝官吏登門拜訪。他閉門不納。早年曾與張九徵爲友。明亡後。兩人相約不再應考。後張九徵赴考。他與之斷交。清政府數次相邀。均被拒絶。冷士嵋在當地文人中的影響很大。許多文人追隨於後。效仿他隱逸山林。不肯出山爲清政府效力。鄭成功攻打鎮江時。得到了鎮江文人的呼應。地方官府没

有抵抗就投降了。這也引起了清政府的高度警惕。反攻後。馬上在鎮江境内進行了大規模的鎮壓和清洗。殺害不少文人。强行推廣教化。

另外。在四庫全書編纂期間發生的殷寶山案。也是一起震驚全國的文字獄。驚動了乾隆皇帝。引起了他對鎮江地方的關注。殷寶山是鎮江府丹徒縣東鄉的一個秀才。在泰興縣朱嘉琳家裡坐館。乾隆四十三年。（公元一七七八年）江蘇學政劉墉到金壇辦理考試事務時。他向劉墉遞上了芻蕘之獻。反映江南吏治學風的種種弊端。直言時弊。却被抓了起來。卷入

了文字獄。劉墉給乾隆皇帝上奏説。臣在金壇辦理試務。有丹徒縣生員殷寶山當堂投遞一紙。題曰芻蕘之獻。極言江南省風俗人心官常學校之壞。甚屬狂悖。當即拿交府縣收禁。即其家中搜出詩文兩本。除鄙俚不通外。内有記夢一篇。語句荒唐。心事曖昧。應行究訊。現在移知督撫辦理并將作序加批之人究出。一并訊辦。乾隆皇帝聽到逆耳直言。顯然不能忍受。他是這樣批奏的。殷寶山所呈芻蕘之獻。深詆士習民風吏弊。竟以爲耳聞目見。無一而可。其人必非安分守法之徒。於是。殷寶山的罪案便坐實了。

乾隆皇帝的批奏還指出。殷寶山所作岫亭草中一篇記夢有問題。裡面的若姓氏物之紅色者。是夫色之紅。非即姓之紅也。紅乃朱也等語。顯係指稱勝國之姓。故爲翁子徽國之語以混之。尤屬狡詭。該犯自高曾以來即爲本朝臣民。食毛踐土。乃敢係懷故國。其心實屬叛逆。罪不容誅。提到朱字。就成了指稱勝國之姓。就會是係懷故國。這實在批得離奇。結果殷寶山全家八口。以及爲殷寶山詩文作序和批點的趙學禮尹發莘殷一桂等文人都被逮捕。解京嚴訊。後又牽連到其已故的堂叔殷懷璞一家。地方官們也惶惶不可終日。乾隆皇帝大罵總督巡撫等所司何事。應得何罪。責問該地方官平日竟置若罔聞。并將江蘇布政使按察使有關道府州縣教諭訓導等二十四人參處。殷寶山被發配塞外充軍。

文宗閣藏書種類

文宗閣本四庫全書在七閣中屬於收書種類比較多的一部。統計下來。庋藏文宗閣的四庫全書鈔本有三千四百六十一種。七萬九千三百零九卷。三萬六千四百八十二冊。分裝六千二百二十一

函。其中經部五千四百零二册裝了九百四十七函。史部九千四百六十三册裝了一千六百二十五函。子部九千零八十四册裝了一千五百九十三函。集部一萬二千三百九十八册裝了二千零四十二函。比文溯閣本四庫全書三千五百九十種（也有人説是三千四百七十四種）要少。但比臺灣故宫所藏的文淵閣本四庫全書三千四百五十九種。浙江圖書館所藏的文瀾閣本四庫全書三千四百五十種要多。文宗閣本四庫全書收藏的册數也比其他閣稍多。如文淵閣本四庫全書六千一百四十四

函三萬六千零七十八册。文溯閣本四庫全書六千一百六十八函。三萬六千一百九十二册。文津閣本四庫全書六千一百六十八函。三萬六千四百零三册。文瀾閣本四庫全書六千二百三十一函。三萬六千二百一十九册。各閣中四庫全書出現數量不同的緣故。大體是因爲有少數未鈔成的書留有空函。後來没有補入。或因鈔成期不同。種類上略有抽換增補。或因補鈔裝訂厚薄不同所致。但從總體上來説。數量是相近的。

文宗閣本四庫全書入藏時曾進行過認真的

清點。裝訂了藏書的清册。目前國家圖書館藏有文宗閣四庫全書裝函清册。裡面記載了入閣藏書的函數和書名。國家圖書館王菡認爲這可能就是乾隆五十五年（公元一七九〇年）兩淮鹽政全德和鹽運使鹿荃請領回四庫全書後的入閣清册。不過鑒於這部清册記録中存在幾部當時有目無書的情況。因此難以判定它是否完整地反映了文宗閣本四庫全書的當時實際藏量。

要了解文宗閣本四庫全書的確切藏量。以鎮江籍著名學者唐邦治先生的研究成果比較可信。

他曾經把四庫全書總目的内容和金山志丹徒縣志摭餘上收録的書目做過仔細比對。在一九四六年十二月出版的鎮丹金溧揚聯合月刊上公布了他審定後的文宗閣庋藏四庫全書總目録。

經部一

易類凡一百五十九部。一千七百四十八卷。附録八部十二卷。

經部二

書類凡五十六部。六百五十一卷。附録二部十一卷。

經部三

詩類凡六十二部。九百四十一卷。附録一部十卷。

經部四

禮類凡周禮之屬二十二部。四百五十三卷。儀禮之屬二十二部。三百四十四卷。附録二部。一百二十七卷。禮記之屬二十部。五百九十四卷。附録二部。十七卷。三禮總義六部。三十五卷。通禮之屬四部。五百六十三卷。雜禮書之屬五部。三十三卷。

經部五

春秋類凡一百一十四部。一千八百三十八卷。附録一部。十七卷。

經部六

孝經類凡十一部。十七卷。

經部七

五經總義類凡三十一部。六百七十五卷。附録一部。三十六卷。

經部八

四書類凡六十二部。七百二十九卷。

經部九

樂類凡二十三部。四百十三卷。

經部十

小學類凡訓詁之屬十二部。一百二十二卷。字書之屬三十六部。四百七十八卷。韵書之屬三十三部。三百一十三卷。附録一部。二卷。

右經部十

共六百九十六部。一萬零二百四十九卷。分裝九百四十七匣。計五千四百零二本。

史部一

正史類凡三十八部。三千七百三十九卷。

史部二

編年類凡三十八部。二千零六十六卷。

史部三

紀事本末類凡二十二部。一千二百四十七卷。

史部四

別史類凡二十部。一千四百八十五卷。

史部五

雜史類凡二十二部。二百七十三卷。

史部六

詔令奏議類凡詔令之屬十部。八百二十二卷。奏

議之屬二十九部。七百二十六卷。

史部七

傳記類凡聖賢之屬二部。七卷。名人之屬十三部。一百一十三卷。總類之屬三十六部。八百零八卷。雜録之屬九部。二十一卷。

史部八

史鈔類凡三部。四十八卷。

史部九

載記類凡二十一部。三百八十卷。附録二部。九卷。

史部十

時令類凡二部。二十九卷。

史部十一

地理類凡宫殿疏之屬二部。十一卷。總志之屬七部。九百四十一卷。都會郡縣之屬四十七部。二千七百五十二卷。河渠之屬二十三部。五百零七卷。邊防之屬二部。二十四卷。山川之屬七部。一百一十三卷。古迹之屬十四部。一百二十五卷。雜記之屬二十八[部]。二百一十三卷。游記之屬三部。十五卷。外紀之屬十七部。九十八卷。

史部十二

職官類凡官制之屬十五部。三百六十五卷。官箴之屬六部。十七卷。

史部十三

政書類凡通制之屬十九部。二千二百九十八卷。典禮之屬二十四部。一千零五十一卷。邦計之屬六部。五十三卷。軍政之屬四部。二百七十一卷。法令之屬二部。七十七卷。考工之屬二部。三十五卷。

史部十四

目録類凡經籍之屬十一部。四百二十四卷。金石之屬三十六部。二百七十六卷。

史部十五

史評類凡二十二部。三百八十二卷。

右史部十五

共五百六十四部。二萬一千八百二十一卷。分裝一千六百二十五匣。計九千四百六十三本。

子部一

儒家類凡一百十二部。一千六百九十四卷。

子部二

兵家類凡二十部。一百五十三卷。

子部三

法家類凡八部。九十四卷。

子部四

農家類凡十部。一百九十五卷。

子部五

醫家類凡九十六部。一千七百四十三卷。

子部六

天文算法類凡推步之屬三十一部。四百二十九卷。算書之屬二十五部。二百零八卷。

子部七

術算類凡數學之屬十六部。一百四十七卷。占候之屬二部。一百三十五卷。相宅相墓之屬八部。十七卷。占卜之屬五部。三十七卷。命書相書之屬十四部。五十三卷。陰陽五行之屬五部。五十五卷。

子部八

藝術類凡書畫之屬七十一部。一千零七十三卷。琴譜之屬四部。二十九卷。篆刻之屬二部。九卷。雜技之屬四部。四卷。

子部九

譜録類凡器物之屬二十四部。一百九十九卷。附録一部。三卷。食譜之屬十部。十九卷。草木鳥獸蟲魚之屬二十一部。一百四十五卷。

子部十

雜家類凡雜學之屬二十二部。一百七十八卷。雜考之屬五十七部。七百零七卷。雜説之屬八十六部。六百三十九卷。雜品之屬十一部。八十三卷。雜纂之屬十一部。五百三十六卷。雜編之屬三部。九十二卷。

子部十一

類書類凡六十五部。七千零四十五卷。

子部十二

小説家類凡雜事之屬八十六部。五百八十一卷。异聞之屬三十二部。七百二十四卷。瑣語之屬五部。五十四卷。

子部十三

釋家類凡十三部。三百十二卷。

子部十四

道家類凡四十四部。四百四十二卷。

右子部十四

共九百二十四部。一萬七千八百三十一卷。分裝一千五百八十三匣。計九千零八十四本。

集部一

楚辭類凡六部。六十五卷。

集部二至部七

別集類凡漢至五代一百十一部。一千五百十八卷。北宋建隆至靖康一百二十二部。三千三百八十一卷。南宋建炎至德祐二百七十七部。四千九百七十八卷。附録一部。六卷。金至元一百七十五部。二千一百一十二卷。明洪武至崇禎。二百三十八部。四千二百零七卷。清順治至乾隆中葉四十二部。一千七百九十九卷。

集部八

總集類凡一百六十五部。九千九百四十七卷。

集部九

詩文評類凡六十四部。七百三十卷。

集部十

詞曲類凡詞集之屬五十九部。一百零三卷。詞選

之屬十二部。二百七十四卷。詞話之屬五部。十九卷。詞譜詞韵之屬二部。六十卷。南北曲之屬三部。十七卷。

右集部十

共一千二百八十二部。二萬九千二百一十五卷。分裝二千零四十二匣。計一萬二千三百九十八本。

又四庫全書總目提要二百卷。分裝二十二匣。計一百二十七册。四庫簡明目錄二十卷分裝二匣。計八册。

另在四庫全書鈔本前。又有一套四庫全書總目一百二十七册。裝二十二函。

文宗閣入藏的另一部巨書是古今圖書集成。共有一萬卷。分六編。三十二典。六千一百零九部。五千零二十册。分裝五百二十函。這部類書是雍正四年（公元一七二六年）武英殿用銅活字排印的本子。看上去非常精美。在中國印刷史上屬於鼎鼎有名的代表作。因卷帙浩繁。當時這部書衹排印了六十四部。另有一部樣書。這部書除在宮內的文淵閣皇極殿乾清宮各藏一部外。庋藏四庫全書的七閣也各藏一

部。其餘被頒賜給在朝高官。以及纂修四庫全書時江浙進呈圖書超過五百部的藏書家。如今完整保存下來的古今圖書集成極爲稀少。古今圖書集成刻印後。用特制的木匣盛放木匣内的書另用函套保護。

對這部文宗閣藏的古今圖書集成書目。唐邦治也做過考證。并增加了一些注釋來説明。頗有價值。在他看來。此書的最大特點是貫徹了以類聚事的原則。共設立彙編典部三級類目。各部下的資料按分類原則編排。共分十類。彙考總論圖表列傳藝

文選句紀事雜録外編。他重編了一部文宗閣庋藏古今圖書集成總目録。分爲。

曆象彙編

乾象典二十一部。一百卷。内容係天地日月星辰風雲雨露霜雪火烟等。附有銅版精圖。

歲功典四十三部。一百一十六卷。内容係四季十二月閏月寒暑干支朔望晝夜等。曆代閏差均詳載有精圖。

曆法典六部。一百四十卷。内容係曆法儀象漏刻測量算法數目等。備載我國古法與西法。

有精圖。

庶徵典五十部。一百八十八卷。内容係天變日月風雨等灾异。豐歉疫灾。地异人异。神怪蝗灾等。

右共一百二十部。五百四十四卷。

方輿彙編

坤輿典二十一部。一百四十卷。内容係土泥石沙水冰泉井都市關隘陵墓等。

職方典二百二十三部。一千五百四十四卷。内容係各省各府廳州之沿革地志。包羅二十四史。九通各省各府廳州志之重要材料。有地圖。

山川典四百零一部。三百二十卷。内容係山川湖海之志書。窮源竟委。考古證今。各山川均分别詳述。并有地勢風景精圖。

邊裔典五百四十二部。一百四十卷。内容係朝鮮日本蒙古安南以及東西南北各小國。均記載靡遺。可考證昔代藩屬情形。有地圖。

右共一千一百八十七部。三千一百四十四卷。

明倫彙編

皇極典三十一部。三百卷。内容係帝王國號紀元以及莅政用人賞罰風俗等。可作我國政

治史讀。

宮闈典十五部。一百四十卷。内容係后妃宫女宦官。以及皇子皇孫公主駙馬外戚等。歷代帝王之家庭狀况。於此可見。

官常典六十五部。八百卷。内容係中央地方宗藩各種官吏之沿革職守事實等。可作官制史及名宦傳讀。

家範典三十一部。一百一十六卷。内容係父子兄弟夫婦嫡庶宗族姻戚奴婢等實係社會史之家庭篇。

交誼典三十七部。一百二十卷。内容一部分係述師友鄉僚各種關系。一部分係好惡欺疑各種品性。可爲處世論人之資。

氏族典二千六百九十四部。六百四十卷。内容單姓一千八百餘。複姓八百餘。各述其歷史人物不二千餘姓譜乘。且可作人名辭典。

人事典九十七部。一百一十二卷。一部分係身體各部。一部分係年齒名號情感行動養生等實係古代之生理衛生學及行爲論。

閨媛典十七部。三百七十六卷。内容分淑孝義烈

節識藻慧奇巧福艷恨悟職飾等部。古今婦女事迹盡於此矣。

右共二千九百八十七部。二千六百零四卷。

博物彙編

藝術典四十三部。八百二十四卷。內容有農牧漁獵射御書畫醫卜星相等。而醫有五百二十卷。頗多傳鈔及失傳之書。尤爲難得。

神异典七十部。三百二十卷。內容係種種神异。兼有儒釋道及妖怪等。可爲研究宗教材料。又可作小說讀。

禽蟲典三百十七部。一百九十二卷。內容羽禽自鳳凰以下。走獸自麒麟以下。以及龍介魚蟲均詳其狀況事實。并各有銅版精圖。

草木典七百部。三百二十卷。內容有草木藥品禾谷豆蔬香料薪碳等。比本草更詳備。并各有銅版精圖。

右共一千一百三十部。一千六百五十六卷。

理學彙編

經籍典六十六部。五百卷。內容分經史子集類書雜著等。自河圖洛書以降。歷代著作及名著注

疏。無不詳記。

學行典九十六部。三百卷。内容自心性言語威儀孝悌忠信禮儀廉耻以及隱逸俠勇無不述其學理。記其事實。可作學案及傳記讀。

文學典四十九部。二百六十卷。内容係講各體文字。自詔命章奏以致書札序跋碑傳論說四六騷賦詩詞曲等。均叙其題材。録其代表作。

字學典二十四部。一百六十卷。内容係講字之音義形態。真草隸篆以致法帖書法。兼及筆墨紙硯文房雜器。有精圖。

右共二百三十五部。一千二百二十卷。

經濟彙編

選舉典二十九部。一百三十六卷。内容係學校養士選舉辟署以及科舉蔭襲吏員隸役歸誠等。

銓衡典十二部。一百二十卷。内容係官制禄書考課舉劾給假起復封贈封建等。將歷代官制規作一有係統之比較叙述。

食貨典八十三部。三百六十卷。内容係一部分述户口田制荒政賦役貢獻鹽法等。一部分係述米麥布帛等物產。一部分係述珍貴貨幣。

儀禮典七十部○三百四十八卷○內容係冠婚喪葬朝賀宴亨軍禮等○及一切冠服歷代禮制服制○均可考見有精圖○

樂律典四十六部○一百三十六卷○內容係律呂聲音歌舞○并詳述各種樂器○附以銅版精圖○

戎政典三十部○三百卷○內容有兵制兵法火攻水戰車戰兵略兵餉屯田馬政等○以及器械甲冑等○附有銅版精圖○

祥刑典二十六部○一百八十卷○內容有律令牢獄囚繫俘虜理冤赦宥等○兼及各種刑法刑具○

考工典一百五十四部○二百五十二卷○內容一部分係度量權衡及工巧○一部分係城池橋梁宮室園林之建築○一部分係器用璽印舟車磁器玩具之制造○附精圖○

右四百五十部○一千八百三十二卷○

總共彙編六○三十二典○六千一百零九部○合一萬卷○分裝五百二十匣○計五千零二十本○

另外在文宗閣中還藏有欽定全唐文五百零四冊○裝了五十函○欽定明鑒二十四冊○裝了二函○四庫全書總目提要和四庫全書簡明目録編好後○又

分别鈔録了一百二十七本和八本。分装二十二匣和二匣庋藏文宗閣。

文宗閣藏本鈔校

四庫全書的鈔録和校對均有專人負責。分工明確。乾隆四十二年（公元一七七七年）十一月二十五日。乾隆皇帝諭令内閣。要求四庫館校閲各書著照程景伊所奏章程辦理。前因四庫全書館呈進各書。每多稽緩。經總裁等議設總校六員。分司校勘。各總裁仍隨時抽閲。以專責成。本日召見程景伊。據奏應進各書。經總校閲看後。如總裁等全爲檢閲。不特擔延時日。且總校等轉得有所推諉。若不將如何抽看之處定有章程。亦非核實之道。請此後總裁等於每十本内抽閲二本。黏貼總裁名簽。其未經校閲者。於書面黏貼總裁名銜。如有錯誤。各無可諉。等語。所奏自屬可行。嗣後四庫館校閲各書。即著照此辦理。後決定增繕四庫全書三分給南三閣時。又著發給内帑銀兩。雇覓書手繕寫。增加了一千名書手承擔此任。還從翰林院内閣及國子監中。選拔出八十個文理明通之人擔任分校官。負責南三閣四庫全書的校對。

據史料記載。北四閣本四庫全書均由武英殿官員負責辦理。專門人員鈔録南三閣本四庫全書提上日程後。原班管理人員不够。於是總裁永瑢等上奏新設局所辦理。另派提調八人。收掌八人。分管經史子集四部。每部下各設兩人。專司其責。又增加供事四十八人具體辦理繕寫的事務。所有繕寫人員的經費仍由朝廷撥出。三分四庫全書的校對。仍然按四庫館的老規矩辦理。先由負責每部書的分校官詳校。再由總校官復校。繼由總裁總閲官抽檢。最後才能進呈給乾隆皇帝御覽。爲了保證總體的進度。要求承擔校對三分四庫全書的校官和擔任繕寫任務的謄録都有明確的時間進度分工責任到人。

文宗閣本四庫全書的鈔録從乾隆四十七年（公元一七八二年）七月以後開始。到乾隆五十二年（公元一七八七年）底結束。完成校訂裝潢入函的時間是乾隆五十五年（公元一七九〇年）六月。考慮到成書的周期較長。而且當時配給繕寫和校對南三閣書的用房不足。因而發書是分期進行的。完成一批。發一批。以節約空間。第一批發往文宗閣的四庫全書有兩千多册。第二批有

六千多册。以後又發過幾批已查不清楚。祇知道最後一批的發書時間是乾隆五十五年。（公元一七九〇年）

文宗閣本四庫全書雖然另辟新局。沒有在武英殿内完成。但仍嚴格地按照北四閣本的成書規則。對需要繕寫的書。有刻本者首先用刻本去對照鈔寫。有原底本者。用底本去對照鈔寫。爲了加快繕寫的進度。保證在六年内完成任務。當時規定有刻本者和有原底本者。可以由繕寫者領出去鈔寫校對。鈔寫完畢後再歸還。而對於未刻的孤本因其祇有一份。不準領出。祇許在館内繕寫。

爲了保證在六年内完工。文宗閣本四庫全書的繕寫和校對採用了從生監中選拔人才的做法。因爲北四閣本四庫全書的繕寫和校對曾經挑選了一千名書手。分頭繕寫。每人每日寫兩千字。每月可寫成四千册書。而分校的翰林中書等五十七名。以每人每日校兩萬字計。一個月不過一千一百多册。這樣的進度。南三閣本四庫全書需要八年時間才能完成。不能滿足乾隆皇帝提出的要求。於是總裁永瑢等人提出了從生監士子中招募分校人員的奏摺。得到了乾隆皇帝的批准。這樣就從生監士

子中招募了一批自願校對者。要求他們必須在三年的時間内校完五千册書。根據當時制定的政策。在三年中出色完成校對任務的士子。可以由皇帝欽定爲舉人。準許他們一起參加會試。

爲了保證文宗閣本四庫全書的繕寫進度。對繕寫謄録之人規定了定額。每人每天鈔寫一千字。每年鈔寫三十三萬字。五年限鈔一百八十萬字。五年期滿。鈔寫兩百萬字者。列爲一等。鈔寫一百六十五萬字者。列爲二等。按照等級分别授予州同州判縣丞主簿等四項官職。發現字體不工整

者。記過一次。罰多寫一萬字。由於措施得力賞罰分明。文宗閣本四庫全書的鈔寫進展順利。

文宗閣本四庫全書的校訂也嚴格執行了四庫全書館制定的功過處分條例。做到了及時考核。及時抽檢。根據條例的規定。所錯之字。如係原本訛誤者。免記其過。如原本無訛。確系謄録致誤者。每錯一字記過一次。如能查出原本錯誤。簽請改正者。每一處記功一次。各册之後一律開列校訂人員銜名。以明其責。一書經分校復校兩關之後。再經總裁抽閱。最後裝潢進呈。分校復校總裁等各司其職。對於

保證文宗閣本四庫全書的質量起到了積極作用。

文宗閣本四庫全書入閣後。在排架上有過調整。四庫全書正式頒布後。又發現有些書出現問題。於是組織了重校和繕寫。從嘉慶八年（公元一八零三年）十二月初。原四庫全書館提調吴裕德的奏摺中。我們知道。有聖製詩五集欽定重修八旗通志聖製文三集聖製詩文餘集。因爲原繕寫多有草率之處。被要求抽回重新繕寫了七分。經過校對後。將書匣面簽抽換齊全。然後再發回七閣歸架。當時定有這樣的規矩。抽換之書匣。應改刻書名。挪動之書匣。須改刻號數。新書須用裝潢。舊書抽換分析。亦不免有換寫頁面之處。其間行款式樣俱有一定規制。即做法亦與外間不同。由於當時重新繕寫的書數量較多。需要改動的地方不少。爲保持裝潢的統一。重新繕寫的本子一律由武英殿修書處負責組織人員鈔録。文宗閣抽去重新繕寫的聖製詩五集欽定重修八旗通志聖製文三集聖製詩文餘集。大約在嘉慶九年（公元一八〇四年）十月前後發回歸架。

文宗閣藏本裝潢

文宗閣四庫全書采用書架排列。這些書架被劃分成書格狀。用來擺放書匣。七閣的書架書匣都有統一的要求。增則一體增加。從前各省書架書匣。雖在外各自製造。而數目尺寸則七閣相同。説明南三閣的書架書匣雖不是武英殿統一監造。由各地巡撫督辦。但仍嚴格遵照規定。對添置的書架書匣。根據統一的標準格式照樣辦理。保證了七閣書架式樣的整齊劃一。

文宗閣四庫全書由特招的書手繕寫。配以

精緻的裝潢。書函外再用專門定制的楠木書匣配套。據兩淮鹽政全德乾隆五十五年（公元一七九〇年）十一月初九日奏覆遵辦文宗文匯閣書籍情形摺。曰奴才查文宗文匯二閣應貯四庫全書。前已兩次領過六千二百九十册到揚。茲接奉諭旨。知全書俱以校對完竣。奴才現即委員赴京請領。所有裝潢等項。前已奉內府發出式樣。應遴選妥商。敬謹仿照裝訂成函。并製造書架書匣。以供庋貯。奴才仍與運使鹿荃小心督辦。逐一檢點料理。妥速完竣。務令整齊堅緻。可傳永久。以仰副我皇上嘉惠多士至意。由此可知。

南三閣庋藏的四庫全書。朝廷僅覓書手鈔竣校覆。其他裝潢等項事務都是由地方上自己完成的。因而南三閣書的裝潢風格不完全相同。

文宗閣四庫全書採用不同顏色的函套包裝。看上去醒目典雅。其中經部書採用青色函套。史部書採用紅色函套。子部書採用月白色函套。集部書採用灰黑色函套。另在四庫全書鈔本前排列了一套四庫全書總目提要。它的函套爲黃色。

文宗閣四庫全書封面採用了何種顏色的綢緞裝潢。目前尚不清楚。根據四庫全書館的規定。鈔

好的四庫全書封面用分色來裝潢經史子集的書衣。成書後它們各依春夏秋冬四季分四色裝潢。其中經部的書衣爲青色。史部的書衣爲紅色。子部的書衣爲月白色。集部的書衣爲灰黑色。這樣四部分明。以便於讀者檢閱。

清代文人完顏麟慶在鴻雪因緣圖記中記述了文匯閣四庫全書的收藏情形。閣爲三層。從正梁到中庭的楹柱之間。俱彩繪書卷圖案。閣的最下層中間貯藏古今圖書集成。書衣用黃色絹。兩旁的橱櫃裡擺放四庫全書經部書。書衣用綠色絹。中一層

陳列史部書。書衣用紅色絹。上一層左邊放子部書。右邊放集部書。子部的書衣用玉色絹。集部書衣用藕合色絹。其書帙多用楠木作函貯之。其一本二本者用楠木板一片夾之。束之以帶。帶上有環。扣結牢靠。文匯閣四庫全書的書衣與四庫館的規制差不多。文宗閣四庫全書也不會相差太遠。祇是它的函套色和四庫全書館的稍有不同罷了。

放置四庫全書的書匣均采用楠木定制。由技藝高超的工匠設計制作。價格不菲。其制作經費主要由兩淮鹽政籌措。這裡有一個插曲。與浙江桐鄉

的一個翰林陸費墀有關。他是四庫全書館唯一負全責的總校官。責任最大。也最倒霉。雖然他自經辦四庫全書事務後。在數年之中即由翰林升至侍郎。受到了重用。但在書成之時。因被乾隆皇帝抽檢時發現了一些錯字。後來又在復檢文淵文源文津三閣四庫全書時發現了多處錯誤。龍顏大怒。認爲他不能悉心校勘。屢屢出錯。必須處罰。加上四庫全書的底本被偷。後來也牽連到他擔任提調官時的責任。這樣就罪加一等。於是乾隆皇帝下旨將發往南三閣四庫全書的所有面頁裝訂木匣刻字等項。俱

著陸費墀自出己資仿照文淵等三閣式樣罰賠并由兩地的巡撫和鹽道官員負責監督執行。這就是説。三閣四庫全書中的每一冊封面都要他出錢裝裱。三閣四庫全書的所有木匣都要由他出錢向商人訂制購買。

乾隆五十二年（公元一七八七年）六月。陸費墀先到杭州。將文瀾閣應辦書籍事宜處理好後。又來到江蘇。將文匯閣文宗閣四庫全書一體出資招式辦理。當時發往文匯閣文宗閣的四庫全書有七萬餘冊。除了乾隆五十一年（公元一七八六年）領回的六十六種書。二千一百四十四冊以外。大多數的書都還没有領

回。因此。還有很多書籍的面頁木匣裝訂刻字等項目需要陸費墀來承辦。可憐陸費墀祇是個家境一般的翰林院編修。屬於寒酸的文官之列。即使他把家産賣光也賠不起如此沉重的罰款。他自然是被罰得傾家蕩産。活活氣死。可是乾隆皇帝還不解恨。仍要抄他的家。祇準留私人用的衣物。這些衣物被折算成一千兩銀子給他的妻子和兒女充作生活費。陸費墀的全部家産充公後也祇是裝裱三閣四庫全書費用的九牛一毛。

入藏南三閣的四庫全書鈔録完工一切就緒後。還有一道裝潢的程序要做。需要在每册書的首末頁上鈐好藏書印。然後再正式頒發給江浙的南三閣。據史料記載。發往文宗閣的四庫全書每册前頁上都鈐上了古希天子之寶的藏書印。後頁上也鈐上了乾隆御覽之寶的藏書印。入藏文宗閣的四庫全書是用太白連史紙鈔寫的。字迹秀美。裝潢精緻。衹是書的尺幅要比北四閣的四庫全書開本稍小些。

文宗閣藏書管理

乾隆皇帝對南三閣藏書管理非常重視。他多次下發諭旨。要求内閣和江浙督撫對讀書人開放藏書。給他們提供就近閲讀和鈔寫的機會。

乾隆四十九年（公元一七八四年）二月二十一日。他下旨内閣。要求南三閣四庫全書允許當地讀者領出傳寫。諭曰。前因江浙爲人文淵藪。特降諭旨。發給内帑。繕寫四庫全書三分。於揚州文匯閣鎮江文宗閣杭州文瀾閣各藏庋一分。原以嘉惠士林。俾得就近鈔録傳觀。用光文治。第恐地方大吏過於珍護。讀書嗜

古之士無由得窺美富。廣布流傳。是千緗萬帙。徒爲插架之供。無裨觀摩之實。殊非朕崇文典學傳示無窮之意。將來全書繕竣。分貯三閣後。如有願讀中秘書者。許其陸續領出。廣爲傳寫。全書本有總目。易於檢查。祇須派委妥員董司其事。設立收發檔案。登注明晰。并曉諭借鈔士子加意珍惜。毋致遺失污損。俾藝林多士均得殫見洽聞。以副朕樂育人才稽古右文之至意。

在這一諭旨中。乾隆皇帝講了三層意思。首先講了繕寫三分四庫全書藏三閣的主要原因。是爲

了嘉惠士林推廣文治。接着講了三閣藏書要很好地發揮作用。不能祇藏不用。要把三閣藏書對江浙兩省地方上的讀書人開放。爲他們的閱讀傳鈔提供方便。最後講了要對三閣藏書進行嚴格的管理。按規矩辦事。所有進出閣的藏書要履行登記手續。

乾隆五十五年（公元一七九〇年）五月二十三日。他又追發了一道諭旨。要求內閣督促江浙督撫等允許士子到南三閣中鈔閱。他强調說。四庫全書薈萃古今載籍。至爲美備。不特內府珍藏藉資乙覽。亦欲以流傳廣播。沾溉藝林。前因卷頁浩繁。中多舛錯。特令總

纂等復加詳細讎校。俾無魯魚亥豕之訛。茲已釐訂蕆工。悉臻完善。所有江浙兩省文宗文匯文瀾三閣應貯全書。現在陸續頒發藏庋。該處爲人文淵藪。嗜古好學之士。自必群思博覽。藉廣見聞。從前曾經降旨。准其赴閣檢視鈔録。以資蒐討。但地方有司恐士子等翻閲污損。或至過爲珍秘。阻其争先快睹之忱。則所頒三分全書。亦僅束之高閣。轉非朕搜輯群書。津逮譽髦之意。即武英殿聚珍板諸書。排印無多。恐士子等亦未能全行購覓。着該督撫等諄飭所屬。俟貯閣全書排架齊集後。諭令該省士子有願讀中秘書者。許其呈明到閣鈔閲。但不得任其私自携歸。以致稍有遺失。除了重申南三閣四庫全書到位後要充分發揮作用。爲讀書人提供便利。外又專門告誡三閣的主管部門嚴格執行方便讀書人就近閲讀和允許他們借出鈔録的規則。從這點來看乾隆皇帝在官府藏書發揮作用方面還是頗有開明之處的。

在乾隆皇帝的多次督辦下。文宗閣執行了對本地讀書人開放的規則。允許當地讀書人借閲和鈔録。成爲讀書人就近閲讀官府圖書的場所。在促進典籍和文化的傳播方面發揮了積極的作用。清

大學士阮元在任浙江學政時説。曾奉命直文淵閣事。又籍隸揚州。揚州大觀堂所建閣曰文匯。在鎮江金山者曰文宗。每見江淮人士瞻閲二閣。感恩被教忻幸難名。雖説給皇帝的奏摺中難免不帶有恭維的成分。但也證明了確有讀書人到文宗閣讀書的事情。

我們也發現了文人在文宗閣中鈔書的記録。明末清初有一位語言文字學家黄生。字扶孟。别號白山。安徽歙縣人。他精於六書訓詁之學。有相當的造詣。曾撰字詁一卷。共一百零七條。取經史群書語

詞。考辨其音義。訂正訛誤。又作義府兩卷。以解釋經史子集書中的詞語文句爲主。他首先闡明了因聲以知義。古音近通用的訓詁學道理。爲後來得以發揚光大的以聲韵通訓詁之法作了先行者。

字詁跟義府原來衹有鈔本流傳。到清乾隆時被收入了四庫全書。因此文宗閣中就有了兩書的鈔本。後來。其侄孫黄承吉禀承父命。四處尋訪黄生的遺著。在文宗閣中發現了兩鈔本。遂於道光十九年（公元一八三九年）在閣中將之鈔録出來。因爲兩書顯然出自宸編。不待别求而得。他喜出望外。就將兩書合編

成一帙并附上了自己的心得。統稱字詁義府合按。至今。此書仍是中國語言文字研究方面的一部重要著作。

根據乾隆皇帝的諭旨。文宗閣也加强了藏書的管理。文宗閣屬於官府承辦的藏書樓。由兩淮鹽運使負責督造。并選拔典書官負責日常的事務管理。過去承擔保管四庫全書的北四閣中派駐了領閣提舉直閣校理檢閱等一大批官員。本意是爲了加强管理。提高管理的水平。没想到導致了人浮於事的現象。遇到問題。官員之間相互推諉。管理上常

見漏洞。甚至出現了偷書現象。乾隆皇帝發現後。對北四閣進行了調整。改由提舉一人負責總管書閣事務。閣中的司員看守和打掃衛生的人均由提舉統一調度。其他官員僅是虛銜。不再管具體事務。文宗閣建立後。在管理模式上也借鑒了北四閣的做法。由典書官執掌閣中的大小事務。

文宗閣藏書的排架和文匯閣一樣。書匣盛放書籍後。被安放在事先準備好的書架書格内。所置書架均刻有四庫全書某部第幾架或古今圖書集成第幾架字樣。查找某書祇需按分架圖。便可檢索

到該書的位置。查索取書很方便。在書匣的面上也可看到經史子集的分類提示。

根據天一閣人與書分開的模式。藏書樓管理者不允許住在樓内。以避免做飯的火種不慎引起火災。按照這種管理模式。文宗閣藏書樓内也是不能住人的。藏書樓的二層用來藏書。一層作爲讀者閲覽的場所。文宗閣四庫全書入藏後和北四閣不一樣。增加了對外可供公開閲覽鈔録圖書的職能。所以文宗閣樓下設置讀者閲覽場所是必要的。文滙閣就是如此設計的。

文宗閣典書掌管

當時文宗閣中聘請的典書官。主要負責藏書的保管和整理。後來也承擔了復校四庫全書的職能。典書官的選拔程序。一般由兩淮鹽政提名。推薦學識淵博的名士。奏請朝廷批准後充任。兩淮鹽政全德遵乾隆皇帝諭旨。命儀徵謝士松擔任文滙閣典書官。命江都汪中擔任文宗閣典書官。汪中逝世後。文宗閣改派江都申嘉祐吴載庭掌管。同揚州的文滙閣一樣。文宗閣每年都要聘請紳士十許人。司其曝檢借收事宜。

文宗閣歷任典書官中以汪中最有名氣。他是全國知名的學者。乾隆間以博辯推重公卿。汪中字容甫。江都人。乾隆四十二年（公元一七七七年）貢生。他與任大椿程瑶田章學誠孫星衍洪亮吉王念孫劉臺拱等學者交往密切。博學多才。曾遍考先秦典籍。對歷代學制興廢都有研究。他的治學沿襲了清代顧炎武閻若璩惠棟戴震以來的門徑。在經學小學史學諸子金石諸方面都取得了顯著的成績。

汪中在詩文創作上也卓犖成家。駢文的創作更是冠絶一時。尤以哀鹽船文擅名。有很大的社會

影響。清代名家江藩在漢學師承記中評價他説博綜典籍。諳究儒墨。經耳無遺。觸目成誦。遂爲通人。著名學者劉臺拱也稱贊他説。博聞强記。通知古今。才學識三者皆有以過人。爲文鈎貫經史。熔鑄漢唐。宏麗淵雅。卓然自成一家。著有述學内外篇廣陵通典左氏春秋釋疑經義知新記等。

乾隆五十五年。（公元一七九〇年）乾隆皇帝下旨纂修發往南三閣的四庫全書已經陸續到位。由於之前在文淵文源二閣的四庫全書中發現了錯誤。進行了復校。因此對發到南三閣的四庫全書也提出了

重新校勘的要求。這時。與汪中關繫不錯又身居高位的畢沅謝墉王昶三人想到了幫友人一把。因爲過去參加四庫全書繕寫校對的士子成績顯著者有破例議叙格外降恩的先例。他們就向兩淮鹽政全德推薦了汪中。讓他承擔文匯閣和文宗閣四庫全書的校勘任務。兩淮鹽政全德接受了他們的建議。向朝廷推薦了汪中。得到批准後。他出面邀請汪中擔任鎮江文宗閣典書官。主持校勘四庫全書。其子汪喜孫汪容甫先生年譜記載了這件事。乾隆五十五年（公元一七九〇年）夏天。汪中從武昌回到家鄉。到金

山文宗閣上任。

按照汪喜孫汪容甫先生年譜中的説法。先君檢理本書。是正文字。竭二年之力。校勘始畢。嘗自撰楹帖。屬程先生瑶田書之。云家有射陽畫像。身典金山秘書。如果這個説法成立。汪中接手校勘文宗閣四庫全書用了兩年時間。到乾隆五十七年（公元一七九二年）結束。按照四庫館對分校官的要求。校對者每人每日校兩萬字。六十人每月可校一千一百餘册。計。文宗閣四庫全書多達三萬六千三百四十七册。需要三年的時間才能完成。這樣算下來。校文宗

閣四庫全書的人至少要六十人。後來汪中校書文瀾閣時說。在乾隆五十九年（公元一七九四年）十一月十九日有同校四庫書者周君治具邀飲。既然校文瀾閣書者有他人。校文宗閣書者亦不可能衹是汪中一人。

擔任文宗閣典書官期間。汪中住金山精法樓上。他對四庫全書進行了認真校勘。撰寫了二十多萬字的校勘札記。糾正了不少書中的錯誤。清代學者劉逢禄與汪喜孫的關繫很好。讀過不少汪中遺著。他在容甫先生遺書叙中說。先生嘗紬校文瀾文宗二閣全書。繩愆糾謬。不下

數百萬言。清嘉慶進士李兆洛在汪容甫精法樓校書記中也稱之。先生當時以泛覽爲精研。第舉而綜貫之。紬繹其餘緒。冥合於會歸。成一家言。庸不爲學者盛業。而不可易言也。

完成第一次校勘後。汪中繼續掌管文宗閣。直到乾隆五十九年。（公元一七九四年）他都在典書官之任上。這一年。汪中曾寫信給時任丹徒縣訓導的揚州學者劉臺拱。說自己去年卧病時。自度此生不復能至寄奴山下。正月二十九日。同當事來金山。午後渡江奉訪。坐超岸寺對門。盡未申酉三時。其日江寧陳布政

往蘇州。肩輿咸從之往丹徒。某不能得也。次日同當事匆匆北歸。而孫容將持足下手書見示。惆悵無已。始知寄奴山雖可至。而不易至。譬夫蓬萊方丈。風忽引之去也。說明了他此時仍在金山。

汪中因在文宗閣校書的出色表現。一直爲時人敬重。他去世後。鎮江人士將他入祀金山。紀念他爲文宗閣作出的貢獻。三十餘年後。鎮江人士仍不忘祭祀汪中。來自鎮江寶晉書院的陳維謙等人在金山精法樓前的亭中祭祀。李璋煜王嘉福黄承吉劉文淇王翼鳳吴熙載楊亮等人也從各地趕來。聚

而祀之。并植樹紀念。清代大臣著名學者阮元曾爲汪中紀念場所題寫過述德誦芬的牌匾。汪容甫先生精法樓校書記的作者。陽湖文派代表人物李兆洛也爲他書寫了仰之彌高的匾額。

文宗閣劫後餘物

文宗閣的損失是慘痛的。從現有的文獻記載來看。文宗閣在道光二十二年（公元一八四二年）六月英軍侵略鎮江時已經部分受損。到咸豐三年（公元一八五三年）春天。占領鎮江的太平軍在金山放了一把大火。把當時

所有的閣內藏書都化成了縷縷青烟。成爲中國藏書史的一大浩劫。兩江總督曾國藩占領江寧後。對文宗閣。文匯閣的被毁非常關注。派出幕僚莫友芝代他專訪文宗閣文匯閣。希望能找到兩閣的遺物。

莫友芝。字子偲。自號郘亭。又號紫泉。貴州獨山人。是晚清有名的藏書家金石學家版本目録學家和書法家。他出生在一個書香之家。父親莫與儔是清代嘉慶四年公元一七九九年進士。擔任過翰林院的庶吉士。四川鹽源的知縣和貴州遵義府學的教授。著有二南近説仁本事韵貞定先生遺集等書。莫友芝

小時候异常聰慧。他七歲讀毛詩尚書。道光八年公元一八二八年考取秀才。道光十一年公元一八三一年考取舉人。道光二十一年。公元一八四一年他與鄭珍纂成遵義府志四十卷。以體例完備材料翔實著稱史學界。認爲堪與酈道元的水經注齊名。被梁啓超稱爲天下第一府志。莫友芝與鄭珍也因此聲名大震。學者張裕釗説。子偲之學。於蒼雅故訓六經名物制度。靡所不探討。旁及金石目録家言之説。尤究極其奥賾。疏導源流。辨析正僞。無銖寸差失。所爲詩及襍文。皆出於人。而於詩治之益深。又工真行隸篆書。求者

肩相於門。家世傳業通文字訓詁之學。與遵義鄭珍并稱西南巨儒。

道光二十七年。（公元一八四七年）莫友芝與曾國藩相識結爲好友。咸豐十一年（公元一八六一年）七月。莫友芝客居曾國藩幕府。他的主要任務是幫助曾氏收購江南遺書。後來又被曾國藩派去督領江南官書局。擔任校勘經史之職。同治四年（公元一八六五年）任金陵書局總編校。同年五月。莫友芝受曾國藩委托。到鎮江揚州尋訪兩閣遺書。由於没有找到兩閣在燒毁前溢出的圖籍。他感到很遺憾。就此事專門致函答復曾國藩。

信中説。奉鈞委採訪鎮江揚州兩閣四庫書。即留兩郡間二十許日。悉心咨問。并謂閣書向由兩淮鹽運使經管。每閣歲派紳士十許人司其曝檢借收。咸豐二三年間。毛賊且至揚州。紳士曾呈請運使劉良駒籌費移書避深山中。堅不肯應。比賊火及閣。尚扃匙完固。竟不能奪出一册。鎮江閣在金山。僧聞賊將至。亟督僧衆移運佛藏避之五峰下院。而典守書閣者揚州紳士。僧不得與聞。故亦聽付賊炬。惟有浩嘆。比至泰州。遇金訓導長福。則謂揚州庫書雖與閣俱焚。而借録未歸與拾諸煨燼者。尚不無百一之存。長福

曾於泗泰間三四處見之。問其人皆遠出倉猝無從究詰。以推金山庫書亦必有一二具存者。友芝擬俟秋間更歷諸郡。仔細蒐訪一番。隨遇掇拾不限多少。仍交運使恭弃以待將來補繕。

莫友芝的這封信很重要。他談到了鎮江揚州兩閣四庫全書的管理制度。談到了太平軍逼近鎮江時。金山寺所藏經書由僧衆運至圖山紹隆寺下院保存下來。談到了鹽運使劉良駒和管理文宗閣的揚州紳士在大難來臨前的無所作爲。竟然以僧不得與聞導致書没能運出被焚一空的慘狀。談到了與金長福訓導的會面。兩閣可能有借出書未還的現

象。談到了他在秋天再訪兩閣舊地的打算。爲我們了解和研究文宗閣的歷史提供了珍貴的史料。

至於後來莫友芝是否再次尋訪鎮江。目前還不清楚。有待於做進一步的考證。有史料說。莫友芝在同治十年公元一八八四年到過揚州興化繼續尋找文宗文匯兩閣被焚後散失的圖書。但没有提到鎮江。我們從現存的文宗閣四庫全書裝函清册上有莫友芝的私人藏書印來判斷。莫友芝很可能又來過鎮江。并發現了這部文宗閣劫餘之物。

如果他第一次來就發現了文宗閣四庫全書裝函清册的話。不會在給曾國藩的信中不説到此事。

目前這部文宗閣四庫全書裝函清册的清鈔本被珍藏在國家圖書館的善本書庫内。此清册裝訂爲四册。不分卷。經史子集各一。清册上無頁碼。無欄綫。無版心。其經部的鈔本上有封面。上寫文宗閣四庫全書裝函清册經史一二字樣。而另一本史部之册上没有封面。其子部的鈔本上有封面。上寫文宗閣四庫全書裝函清册子集三四。而集部之册上没有封面。根據這種情况推測。此清册應該是原裝爲兩册。通過金鑲玉修復後。可能是經史和子集部分書頁太厚。借修復的機會進行了處理。重新按經史子集各一册裝訂。

現存的四册鈔本均無封底。各册的最後一頁也是修復用紙。説明該書曾經金鑲玉修復過。經部首頁有莫友芝的藏書印。各册的首頁上又鈐有南通馮氏景岫樓藏書的印章。景岫樓是南通馮雄的藏書樓。馮雄。字翰飛。號彊齋。藏書超萬卷。尤其重視南通地方文獻的收藏。王謇續補藏書紀事詩有記。鈔本中没有關於底本的記載。也没有鈔

書人的記載。所記録的是入藏書的函數和書名。有的一函内不止一種書。但無卷數。與四庫全書總目核對後。知道每函的容量限制在十餘卷。就是説其函套的大小基本相同。這樣製作起來比較方便。同時也便於書的排列整齊美觀。如有卷數較多的書。其分函時即以十或十二卷。卷數較少的書。兩三種合爲一函。亦十卷左右。

所記裝函的書不分門類。但排列的順序大致同四庫全書總目。經史子集各部抽數部書與四庫全書總目核對後。發現衹有史部略有出入。史部最後幾部書的順序爲欽定古今儲貳金鑒評鑒闡要

遼金元國語義。實際上。欽定古今儲貳金鑒評鑒闡要在史評類。評鑒闡要在欽定古今儲貳金鑒前。遼金元國語義一書在四庫全書總目中没有。僅正史類中有遼金元三史國語解一書。文津閣四庫全書亦同總目。

在經史子三部中各有未到之書。經部有一部未到。史部有二部。子部有三部。這些未到之書均在書名下黏一小紙條注明。以便查考。例如子部的印人傳羯鼓録樂府雜録棋經棋訣合裝爲一函。此函

下黏了一黄色小條。上寫印人傳未到數字。這些小條説明。可能在乾隆五十五年公元一七九〇年曾用這本清册核對過當時入閣的藏書。

若論函數。文津閣四庫全書共六千一百四十四函。另有四庫全書排架圖一函四庫全書總目提要二十函。據黄愛平在四庫全書纂修研究中説文津閣四庫全書是諸閣中保存最完整的一部。文溯閣的入藏。從乾隆四十七年公元一七八二年到乾隆四十八年公元一七八三年陸續運抵盛京。據盛京内務府檔記載。六次共運到四庫全書五千七百八十一函。四

庫全書總目提要二十函。簡明目録三函。考證十二函。還有空書匣三百六十四個。而根據文宗閣四庫全書的入藏書目。經部有九百四十七函。史部有一千六百二十五函。子部有一千五百八十三函。集部有二千零四十二函。并有四庫全書總目二十二函。簡明目録二函。文宗閣四庫全書共有六千一百九十七函。還不包括總目與簡明目録。文瀾閣最初入藏數與現知的文宗閣的函數也不相同。函數的不同。可以有多種原因。如字體的大小行距的疏密裝訂的厚薄等。都會導致函數的數量發

生變化。但文宗閣的書比其他閣的書要多了幾十函。其中可能是多了幾部混入的書籍。

從這個鈔本看來。莫友芝到鎮江來還是有收獲的。過去的文獻中均説文宗閣四庫全書已焚盡。現在看來。此裝函清册也是劫餘之物了。莫友芝的弟弟莫祥芝於同治十三年（公元一八七四年）任南通縣知縣。從此本上有南通藏書家馮雄的藏書印來看。或許與此書的流傳有一定的關繫。國家圖書館分館尚存民國年間的鈔本。本上下單欄白口朱絲行格半頁十行二十三字。一函四册。無序跋。僅有國立北平圖書館珍藏朱文印。內容全同上述清鈔本。聯想到鎮江民國出版的方志中和民國出版的雜志中都有文宗閣四庫全書藏書的書目。説明這部書目當時也有可能被鎮江的文人鈔出而在民間流傳。

文宗閣震古爍今

作爲庋藏四庫全書的七閣之一。四庫全書的巨大影響力吸引了世人的目光。震驚了海內。得到了乾隆皇帝的高度關注。文宗閣也因書而名顯。獲得了賜名賜匾賜書的榮耀。世人通過文

宗閣而知曉了鎮江這座城市。鎮江籍史學家唐邦治先生在民國期間撰寫的鎮江文宗閣先後賜書考一文中評述了四庫全書庋藏文宗閣的意義和它對鎮江的巨大影響。他說。清純皇帝繕寫四庫全書七分。分貯七閣。其工力之偉。震古爍今。駕趙宋之三千。朱明之永樂大典而上。不啻倍蓰。其文化霑被於天下後世。夫豈可以數量計。當時帝室自享其四。以江浙爲人文淵藪。分享其三。而蘇省又獨得三之二。而吾鎮江乃竟得二之一。即金山文宗閣所頒貯者是也。雖全書藏文宗閣。其壽

命僅六十餘年。既遭紅羊之劫。掃地以盡。然世人談論四庫掌故者。固莫不知吾鎮江之曾有此全書也。金山文宗閣爲鎮江無上光榮之故實。宜興學者陳任旸也在光緒金山志的序言中說。敕建文宗閣。庋藏四庫全書圖書集成以嘉惠士林。江天焜耀。猗歟休哉。盛固極矣。文宗閣的存在客觀上大大提高了鎮江城市的知名度。

文宗閣的興建。激勵了一批藏書文人的志向。他們把書藏名山作爲自己的人生追求。促進了古代藏書樓的發展。爲鎮江贏得了世人的稱頌。最典

型的是嘉慶年間阮元仿效文宗閣藏書之舉。在鎮江的焦山創辦了焦山書藏。阮元。江蘇儀徵人。進士出身。曾充庶吉士翰林院編修。歷官多省學政巡撫總督。位至體仁閣大學士。他對培養人才極爲重視。是清代著名的學者型官員。同治續纂揚州府志卷九阮元傳稱之。督學時。士有一藝之長。無不獎勵。能解經義及古今體詩者。必擢置於前。總裁會試。必合校二三場文策。績學之士。多從次出。論者謂得士之盛。不減於鴻博科。主持風會者五十餘年。士林尊爲山斗。阮元對乾隆皇帝纂修四庫全書和藏書南三閣的舉動很是稱頌。記曰。欽惟我皇上稽古右文。恩教稠疊。乾隆四十七年公元一七八二年四庫全書告成。特命如內廷四閣所藏繕寫全册。建三閣於江浙兩省。諭令士子願讀中秘書者就閣廣爲傳寫。所以嘉惠藝林。恩至渥。教至周也。他還親自編輯了四庫未收書分類書目。把許多不見世傳的古籍版本選録書目中。如宋代嘉定鎮江志和至順鎮江志鈔本就是被阮元發現後選録其中的。進一步完善了四庫全書的體系。

鑒於好學之士。半屬寒酸。購書既苦無力。

借書又難。其人坐此孤陋寡聞。無所成就者不知凡幾的狀況。爲推廣教思無窮之意。讓讀書人可以讀到更多的書。阮元先在文瀾閣的所在地杭州創辦了靈隱書藏。在文宗閣的所在地鎮江創辦了焦山書藏。其中焦山書藏最能體現書賴名山藏。山因古書靚之特色。嘉慶十八年。（公元一八一三年）阮元任漕運總督這年春天。他在瓜洲與焦山詩僧借庵翠屏洲詩人王豫論及藏書事。議決在焦山設立書藏。嘉慶十九年。（公元一八一四年）阮元命丁百川等人在焦山西麓海西庵内建樓

五楹。以作藏書之所定名焦山書藏。爲了加强焦山書藏的管理。阮元做了大量工作。從書庫的布局書橱的製造。到書籍的編排都親自過問。專門寫了焦山書藏記。制訂了焦山書藏條例。

他還從自己在揚州的私人藏書樓中。選出圖書兩百零六種。一千四百餘册。率先捐給焦山書藏。其中包括四庫全書漏收的鎮江宋元兩志。阮元跋云。嘉慶間。余得宋嘉定元至順鎮江府志兩部。皆四庫未收之書。曾經進呈。得蒙恩鑒。因以底本貯之焦山書藏。在他的影響下。各方名賢紛紛捐贈其中杭

州著名藏書家丁丙的捐書僅次於阮元。其他先後捐書的還有慈溪馮辨齊黟縣李宗媚巴陵方功惠六合徐孫麟獨山莫繩孫以及汪喜孫王豫借庵吴大澂粱鼎芬陳慶年繆潛張東山等學者和藏書家。在衆人的扶持下。焦山書藏琳琅萬軸。善本尤多。爲學人閱讀提供了方便。對推動當時文化的傳播和學術的發展起到了積極的作用。

焦山書藏創立後。阮元曾指示海西庵僧人編成焦山書藏書目十二卷。按照入藏書的先後順序著録古籍一千四百餘種。兩萬五千多卷。一萬餘册。使焦山書藏藏書有序。爲讀書人使用藏書提供了便利。廣東著名學者粱鼎芬曾經在焦山書藏讀書多日。對那裡的讀書環境和藏書狀況留下了很深的印象。他不僅自己帶頭向書藏捐贈圖書。還勸説杭州大藏書家丁丙和其他藏書家向書藏捐書。大文人康有爲在鎮江焦山期間。也是書藏的常客。在這裡看了不少書籍。江蘇學者陳慶年在書藏發現了宋嘉定鎮江志和元至順鎮江志手鈔本。异常興奮。他居焦山書藏多日。認真校勘了兩志。又親自謄録清稿。將之發往金陵付印。